Angelanische Wende

Cover und Collagen. Johannes Kettlack

Bild „Copernicus": Fitxer

Johannes Kettlack

Angelanische Wende

Nachlese

Wenn sich das Volk heut um die Macht drehen soll,

dreht sich die Sonne wieder um die Erde.

Prolog

Skuld, billerantik.de

Deutschlands Zukunft
ist der Vergangenheit geschuldet.
Wird eine andere nicht geduldet?
Unser Schicksal bestimmt die Norne:
Wir fangen immer wieder an von vorne,
und am Tunnelende gibt's kein Licht.
Eine eigne Zukunft haben wir nicht?

Was ist des Deutschen Vaterland?
Ein Schicksal, dem er sich verband,
die Erde in Europas Herzen,
die Geschichte, auch mit ihren Schmerzen,
die Sprache, die alle verbindet,
die Sitten, die er hier vorfindet,
der Aufbau in der Nachkriegszeit,
der Friede und die Einigkeit.
Ein Land,
das weltweit anerkannt,
dem alle sind willkommen,
die Freien und die Frommen,
ein jeder, der mit seiner Kraft
ein friedfertiges Deutschland schafft,
wo auch die Schwachen
Grund haben zu lachen,
und jeder ein Fleckchen Erde,
wo er bestattet werde.

Die Treue

In diesen Tagen bringt man vor,
Merkel ist Tochter vom Pastor
und damit Garant der Tugend, Dank sei Gott!
Dabei hat man vergessen,
dass sie im Vorstand gesessen
der Freien Deutschen Jugend, FDJ.

„Da keiner mich danach gefragt,
was ich als FDJlerin getrieben
hab ich dazu auch nichts gesagt.
Untadelig bin ich geblieben.
Ich hab gelernt, mich anzupassen.
Ich war im Grunde nie zu fassen,
vermied es, jemals anzuecken,
hab' eine Akte ohne Flecken."

„Wie ihr alle wisst,
war ich früher Sozialist
propagierte den Kommunismus
als idealen Humanismus.
Ich wollte tun
was opportun.
Nach der Wende Separatist
glaubte ich, dass besser ist,
die DDR zu konservieren,
um die Macht nicht zu verlieren.
Ich konnte tun
was opportun.
Die Einheit ließ mir keine Ruh,
fand Anschluss bei der CDU,
obwohl dort neben Christen
auch Kapitalisten sitzen.
Ich musste tun
was opportun."
Als Chefin von Regierungen
unterschiedlichster Legierungen
War ich Ökologist und Utopist
Realist und Revisionist
Ich versuchte zu tun
was opportun

Verführt von Extremisten
und bösen Anarchisten
ist mein Volk heute verwirrt.
Ich selber habe nie geirrt
Ich musste tun
Was opportun."

„Ich lebte in der DDR,
als noch der Russe war ihr Herr.
Die Freiheit litt zwar große Not,
doch war'n wir lieber rot als tot."
Ethisch betrachtet ist ihr Vorleben
nicht geeignet zum Vorleben.

Frau Merkel, die uns ungerührt
in ein neues Deutschland führt,
gewiss, dass sie im Lichte
der werdenden Geschichte
als Kennerin des Histo-Mat,
die Zukunft klar vor Augen hat.
Wenn dem das Volk nicht folgen kann,
dann liegt das einfach nur daran,
dass Menschen alter Klassen

die Entwicklung nicht erfassen.
Die Wahrheit kennt nur die Partei
und Angela war vorn dabei.
Sie als Kommunistin wusste,
was historisch kommen musste.
Sie hieß Flüchtlinge willkommen,
die zwangsläufig gekommen
wären, laut Histo-Mat.
So setzt man seine Gegner matt.

Die Erwählte

Soll man sie mit einer Königin vergleichen?
Ist sie nicht mächtiger und genauso klug?
Sie ist vom Volk, zählt nicht zu den Reichen
und kennt beim ersten schon den letzten Zug.
Sie muss Politik nicht vom Blatt ablesen,
die andere sich ausgedacht.

Ist sie nicht immer schon freier gewesen
und hat drum fröhlicher gelacht?
Sie wohnt nicht in herrlichen Palästen,
nennt nicht viele Schlösser mein.
Sie ist nicht Königin auf allen Festen
und muss nicht die Sklavin der Riten sein.

Solang er lebt, der Mensch die Freiheit liebt,
solang weiß er, wem er den Vorzug gibt.
(nach Shakespeare: Shall I compare thee...)

Wie war das noch gleich
damals im Dritten Reich?
Parteitag war's
und Gottesdienst zugleich.
Durch Unterwerfung und Verehrung
zu Ruhm und Machtvermehrung.
Es jubelten die Chöre,
es klatschten die Klaqueure.
Es standen tausend wie ein Mann
zu der, die alles, glaubt man, kann.
Sie hörten auf zu denken,
ließen sich vom Bauche lenken.
Wo die Parteiräson obwaltet,
wird alles and're abgeschaltet.
Verwundert reibt man sich die Augen:
Soll das zur Willensbildung taugen?

„Es war ein Tag der Huldigung.
Ich bitte um Entschuldigung:
Die Höflinge und Funktionäre

wollten, dass ich Königin wäre."

Herrlich war's für sie,
endlich selbst zu herrschen;
gerne selbstherrlich.

„Das Volk, hör ich, schwärme,
von meiner Herzenswärme,
weil ich mich mit Güte,
um Verständigung bemühte."
Sie hört es gern,
doch ist das nicht fern
der Wirklichkeit
unserer Zeit?

Gelingt ihr was, ist sie der Macher;
wenn nicht, ist's Schuld der Widersacher.
Mitleid empfindet dann das Volk.
Es leidet mit beim Misserfolg.

Die Parteivorsitzende

Drei Wurzeln hat der Backenzahn.
Auf jede davon kommt es an.
Christlich die erste, die zweite liberal,
die dritte nennt sich gar sozial.
Sein Platz im Mund ist oben rechts
beim Menschen beiderlei Geschlechts.
Als eine Wurzel im Zahn
unerwartet wehgetan,
war das für den zwar misslich,
doch da diese Wurzel christlich
und nur von Karies erfasst,
war der Schmerz noch keine Last.

dentalwissen.com

Der zweiten Wurzel, liberal,
war die erste ganz egal.
Solang der Schmerz nicht heftiger,
mahlte der Zahn noch kräftiger.
Doch Fäulnis macht auch hier nicht Halt:
Als es 'ne Nuss zu knacken galt,
die hart und ziemlich groß war,
stand die soziale Wurzel allein dar.
Es war, das wurde alsbald klar,
die Last zu groß für den Molar.
Er wurde, da zu lang geirrt,
gewaltsam völlig extrahiert.

Frau Merkel nahm die Schmerzen
sich niemals sehr zu Herzen.

Zähne zusammen und dann los
schafft völlige Zerstörung bloß.

„Christservativeral",
so etwa lautet leicht verkürzt,
fad und völlig ungewürzt,
die neue CDU-Moral.
Der vorletzte Extrakt-Aufguss
mit Wasser, das nur lauwarm,
und Tee, der an Aromen arm,
ist wahrlich kein Gourmetgenuss.
Die Substanz ist aufgebraucht;
da hilft auch kein Beschwören.
Wer lässt sich noch betören
von schwacher Glut, die düster raucht!

„Du hast's eigentlich recht weit gebracht.
Doch was hast du mit mir gemacht?
Einst war ich eure Leitfigur,
jetzt spiele ich die Rolle nur
des Mohrs, der seine Schuldigkeit getan.
Auf mich kommt's heute nicht mehr an.

Du hast mich wie ein Buch zerfleddert,
ganze Seiten hast du geschreddert,
Grundsätze hast du gestrichen,
wenn sie von eurem Plan abwichen.
Du hast das CDU-Programm
verdampft zum Merkel-Monogramm.
Geblieben sind der schöne *cover*,
und ich, der verschmähte *lover*."

„Die Wahl hab ich gewonnen, klar!
Unser Programm war schließlich ich.
Was die Koalition gebar
ist reines Wohlgefühl und ich."

„Meine Deutschen haben's gerne schmerzfrei.
Sie halten nichts von Diagnosen,
die seriös und scherzfrei.
Sie möchten dornenlose Rosen.
Drum bin ich ungern der Chirurg,
der den scharfen Einschnitt liebt.
Ich bin Heiler durch und durch,
der Beruhigungspillen gibt."

„Ich handle so wie alle Leute.
Ich denke so wie Millionen.
Was sollen da noch Visionen?
Was ich tu, tu ich für heute.
Macht euch keine Sorgen
wegen morgen!"

Man glaubt, all ihr Tun und Handeln,
selbst mehrfaches Verwandeln
beruh'n auf dem, was ewig gilt:
das immer gült'ge Menschenbild.

Die Rätselhafte

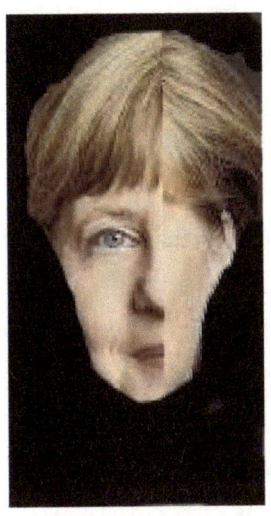

Zwei Seelen wohnen, ach, in ihrer Brust,
doch bereitet ihrdas keinen Frust.
Sie ist das Licht:
Mal Welle, mal Korpuskel.
Emotionen kennt sie nicht,
ihr Herz ist nur ein Muskel.
Christlich ist sie und liberal,
konservativ und progressiv,
mal dafür, mal nicht, egal:
so wie die Volksbefragung lief.

Sie ist Partei und steht für's Ganze,
ist mal für Ost und mal für West;
ist für Familie, mal Emanze,
für die Mehrheit ist sie und den Rest.
Ist stetig nur in der Verwandlung,
selbst Nichtstun ist für sie 'ne Handlung.
„Ob deutsches Volk oder Vertreter
was wissen die von Staatsraison?
Erklären werd ich alles später,
wir sind doch heut nicht mehr in Bonn!
Ich weiß, mein Volk, was euch behagt.
Ich hab Verständnis, wenn ihr sagt:
Regiere du, lass uns in Ruh;
wir drücken beide Augen zu."

Als sie noch Opposition,
redete sie im selben Ton
wie heut, oh jemine!
Gemäßigte der AfD.
Den Kanzler rügte sie entrüstet,
weil der sich mit Migration gebrüstet.
Steuern müsse man und lenken,
sonst hätten die Deutschen Bedenken.

Es heißt, sie lebe vom Vertrauen,
traut jedoch nur dem Misstrauen.
Drum habe sie viel Feind, viel Ehr,
und keiner frage: „Angela, wer?"

Erst lautete die Vereidigung
auf reine Selbstverteidigung.
Heut sind wir als Polizei
an vielen Stellen voll dabei.
Im Kosovo, in Afghanistan,
in Syrien, Irak und im Sudan,
am Horn von Afrika und in Mali
im Mittelmeer und in Somali,
im Baltikum, in der Türkei,
in Lybien sind wir dabei.
Dem Volk wird dabei suggeriert,
dass den Soldaten nichts passiert.
„Wir schicken ja keine Täter,
nur Ratgeber und Sanitäter."
Das ist das finale Ende
der Friedensdividende.

Sechzig Soldaten bilden aus,
neunhundert müssen sie schützen.
Warum bleiben sie nicht zu Haus,

dem Frieden würde es mehr nützen?
Warum holt die Bundeswehr
die Auszubildenden nicht her?
Weil die Ausbildungsmission
nicht die ehrliche Version!
Der Westen wie Russland zuvor
vor Jahren schon den Krieg verlor.
Heißt's nicht in der Vereidigung,
man dient Deutschlands Verteidigung –
„am Hindukusch"?
Damit ist Schluss.
Gäb's nicht den Druck der USA,
wär'n wir schon lange nicht mehr da.
Was soll da die Bemerkung:
„Die Truppe braucht Verstärkung"?

Die, die sich gern in Schweigen hüllt,
hat wie ein Löwe laut gebrüllt,
weil Donald nicht die Wahrheit spricht
und wichtige Verträge bricht.
„Ich sag's nochmal: Das geht gar nicht!"

de.wikipedia

Doch hinter den Kulissen
sucht sie nach Kompromissen:
„Der *deal* ist in der Tat schlecht;
da hat Präsident Trump wohl Recht.
Uns're Wirtschaft darf nicht leiden,
wir müssen Nachteile vermeiden."
Wegen der deutschen Staatsraison
schleicht sich die Kanzlerin davon.
Sie hat, indem sie laut gebrüllt,
ihre Pflicht bereits erfüllt.
Was das Freunde und Feinde lehrt?
Das deutsche Wort ist nicht viel wert.

Die Taktikerin

Sie hat Richtlinienkompetenz,
übt sich jedoch oft in Abstinenz.
Manchmal ist sie Bundesrichter,
meistens aber Bundesschlichter,
die über den Parteien waltet
niemals aber selbst gestaltet.
Sie sagt: In der Ruhe liegt die Kraft.
Jedoch:
Wenn's kalt wird, fehlt dem Baum der Saft.

Ob Köhler, Horst, ob Wulff, Christian –
auf Eignung kommt es ihr nicht an,
und passen sie nicht ins System,
sind sie ihr äußerst unbequem.
Sie will beliebt sind. Das ist alles.
Sie stolpert nicht im Fall des Falles.
Fremd ist ihr die Schamesröte
und schluckt selbst eine fiese Kröte,
weil sie diesen Gauck nicht mag:
Der denkt zu viel. Der kommt ihr quer.
Sie möchte einen Deutschen, der
sie um Rat fragt Tag fürTag.

Aufs Glatteis geht sie niemals selber.
Dafür hat sie den R. Pofalla.
Der macht die nötigen faux pas-là.
Männer sind halt dumme Kälber.

„Ich bin bekannt, ich bin beliebt.
Wer meint, dass Wichtigeres es gibt,
den frier ich aus, den werf ich raus.
Ich bleib die Domina im Haus."

Drei Monate vor der Wahl
patzt schon wieder eine Minister.
Ihr Kabinett ist ihr 'ne Qual:
dumm, dreist, feige. Wie sinister!
Den de Maizière verlässt das Glück.
Sie sitzt auf ihrem hohen Throne,
fühlt sich sehr wohl, lehnt sich zurück.
Was kümmert sie die Habichtdrohne!

„Kaum im Amt, ich kann's nicht fassen,
benimmt der gute Friederich
sich dumm und gar so liederlich.
Da musst' ich ihn entlassen."

Frau Merkel möchte moderieren
und nicht kraftvoll durchregieren.
Drum agieren Minister allein.
Selbst geht sie kein Wagnis ein.
Sie braucht sich nicht die Haare raufen,
wenn die ins off'ne Messer laufen.

Die Wähler haben gewählt.
Die Parteien wirken gequält.
Mit wem soll sie regieren,
ohne's Gesicht zu verlieren?
Zwar sagt sie, alle Demokraten
müssen miteinander beraten,
doch wenn es kommt zum Schwur,
gibt's statt drei eine Lösung nur.
Die SPD will gar nicht mehr.
Die AfD hasst sie zu sehr.
Bleibt, was ziemlich kühn,
Schwarz und Gelb mit Grün.
Das ist, bedenkt man den harten Kampf,
ein unlösbarer Wadenkrampf.
Der eine mag kein Kalzium,
der andere kein Kalium,
der dritte scheut das Natrium.

Das Ende ist: Einer fällt um.
Frau Merkel aber lässt hoffen,
ist für die Sozis wieder offen.

„Ein Sturm hat sie entwurzelt,
die Gemeine Fichte
im bayrischen Forst.
Halb ist er umgepurzelt,
der Mann unserer Geschichte,
der Seehofer, Horst.

Die Krone stützt sich auf dem Ast
der nachbarlichen Eiche,
noch oberhalb der Erde.

Die wird die Nachbarin zur Last,
möchte, dass sie bald weiche
und ganz abgesägt werde.

In dieser misslichen Lage
hört man des Bayern Klage:
Er sei schlecht behandelt worden,
nun wolle man ihn ganz entsorgen.

Weil Heimat nur ein Sehnsuchtsort
schick ich den Horst nicht einfach fort.
Statt ihn zu feuern,
werd' ich ihn steuern:
Er kriegt für sein Mysterium
ein halbes Ministerium."

Die Oratorin

Es kommt im Leben dann und wann
ganz auf die richt'ge Lesart an:
Es ist die Kanzlerinnen-sicht
nicht gleich der Kanzler-innensicht
und ein Politiker-satz
noch kein Politik-ersatz.

Foto:CDU, Tobiasd Koch

„Gewiss, zu meinem Vorleben
gehört das Lager Gorleben.
Nichts, was ich damals sprach, war nichtig.
Ich sprach nur noch nicht richtig."

Nach allen Gipfeln
ist Ruh.
Von solchen Gipfeln
spürest du kaum den Rauch:
Das Strohfeuer ist schnell erloschen,
neues Stroh wird gedroschen.
Du weißt es auch.
Nach J. W. von Goethe, Wanderers Nachtlied

„Ernst ist die Lage und verfahren,
doch muss das mein Volk erfahren?
Wem nützt es, alles zu erklären?
Ich will beruhigen und verklären.
Zudem weiß ich oft selber nicht,
wo in der Dunkelheit der Licht-
schalter sich befindet
und wo mein ganzes Mühen mündet."

Die Wahrheit muss nicht lauter sein.
Zu Goebbels sagt sie neun Mal „Nein!"
Lieber spricht sie in leisen Tönen.
Das ist ihr Beitrag zum Versöhnen.
Doch schweigt auch sie recht gern,
geht es um des Pudels Kern,
und bleibt bemüht, nur das zu sagen,
was die Wähler gut vertragen.

„Es ist Sommer und es geht euch gut.
Das Korn ist reif und die Vögel zwitschern.
Oh, eure Mutter ist tüchtig und klug.
Bleibt ruhig, ihr Lieben, vergesst euren Zorn!
Bald werdet ihr wach, ein Lied auf den Lippen,
ihr breitet die Flügel aus und fliegt.

Nichts soll bekümmern, nichts euch erschüttern.
Alles ist gut. Ich pass auf euch auf."
Nach „Summertime"

„**Mein liebes Volk**, es geht uns gut.
Alles ist bei uns in Butter,
wenn jeder seine Arbeit tut.
Es grüßt euch herzlich eure Mutter."

„**Sonne**, **Mond und Sterne**,
hier lebt man gut und gerne.
Sind wir nicht alle Millionäre
oder sehr reiche Pensionäre?
Wir wohnen zu Hause eingezäunt
oder im Ferienhaus, gebräunt.
Wir leben ganz nach unsrem Willen
in sich'ren Vierteln, großen Villen.
Unsren Reichtum verdanken wir
uns. Wir arbeiteten dafür.
Wir haben Einfluss, wir sind mächtig.
Beziehungen gedeihen prächtig.
Für ein von uns gewünschtes Ende
schicken wir gerne eine Spende.
Vergreift man sich einmal im Ton,

reicht ein Griff zum Telefon.
Sind wir krank, gibt's Einzelzimmer
und Chefarztversorgung, immer.
Werden selbst wir schwächer und älter,
wird für uns die Welt nicht kälter:
Wir werden am Tage und bei Nacht
versorgt und ärztlich überwacht.
Es gibt für unser gutes Geld
viel, was uns am Leben hält.
Wir kennen weder Sorg' noch Not,
es sei denn, man denkt an den Tod.
Sonne, Mond und Sterne
hier lebt man gut und gerne.

Kaum war der Besuch vorbei,
da sprach sie auch schon von dem Ei,
das Barack ihr ins Nest gelegt.
Er nahm sie mehrmals in den Arm,
sie war bewegt von seinem Charme.
Die Folge solcher Art Berührung
war die Übernahme der Führung
deutscher Soldaten für die Balten,
um ihnen Putin vom Hals zu halten.

Unangenehm nur, sie wusste,
dass sie's uns erklären musste.
Sie tat es in drei Schritten:
Erst allgemein und unverbindlich,
dann andeutungsweise, die Sprache kindlich,
schließlich die Wahrheit, ganz, im dritten.

„Ich soll 'ne große Rede halten:
Wie will ich unser Land gestalten?
Der Bitte komm ich gerne nach:
Stark muss es sein, keinesfalls schwach!
Und auf die Frage nach dem Wie
sage ich, besser heut als nie.
So nie, bemerken die Experten.
Nur so, sag ich. Ich kann's bewerten."

„Am Rande des Ministerrates
stand ganz im Zentrum, ja das tat es,
im Mittelpunkt, ich mein' sogar,
im Fokus, die Welt, wo ich war!"
So etwa Merkels Narrativ,
wie es in Belgiens Hauptstadt lief.

„**Monsieur le Président**, ich bitte,
betrachten Sie doch meine Lage.
Woll'n Sie, dass ich die Wahrheit sage?
Mein Volk verträgt nur kleine Schritte."
Natürlich weiß sie, was er fordert:
Dass man auch Deutsche hinbeordert.
Doch soll das Volk erst ruhig wählen
und sich nicht mit Mali quälen.

Mit den Problemen konfrontiert
wehren sich die Politiker
gegen Vorwürfe der Kritiker.
Sie halten Wähler für borniert:
„Die Wirklichkeit ist zu komplex
und mehr als Ausstellen von Schecks.
Eure Fragen, liebe Leute,
sind falsch im globalen Heute."
Der Mann der Straße aber denkt,
so werde ich nur abgelenkt.
Komplex? Das ist es nicht.
Mir fehlt es an der Zuversicht.
Ich leide an den Widersprüchen,
den Deals mit fauligen Gerüchen,
den autoritäten Setzungen
und persönlichen Verletzungen.

Die Logik wurde ausgemustert,
Politsprech zusammengeschustert.
Frau Merkels vorgestanzte Phrasen
erinnern an gemähten Rasen,
wo jeder Grashalm so getrimmt,
dass niemand daran Anstoß nimmt.
Und äußerst sie sich mal spontan,
dann hat es ihr nicht gutgetan.

Hannemann, geh du voran.
Du hast die größten Stiefel an.
Wie kommt es, dass ungefragt
die Kanzlerin freimütig sagt:
„Im Kampf gegen Assad,
der Gift verwendet hat,
seid ihr ja schon zu dritt;
ich mache da nicht mit"?
Als der Luftangriff gelungen,
um den auch Macron gerungen,

goethezeitportal.de (Ausschnitt

erklärt Frau Merkel selbstvergessen:
„Der Schlag war völlig angemessen!"
Ami, Brite und Franzose
machen's - Deutschland in die Hose!
Und wieder hat sich Bolle
ganz köstlich amüsiert,
weil Deutschlands Führungsrolle
zum Papiertiger mutiert.

Macron hat von Natur Statur.
Merkel ist Anpassung pur.
Der eine ist ein Präsident,
der Probleme beim Namen nennt.
Die Kanzlerin in ihrem Amt

verharrt im Vagen insgesamt.
Frau Merkel äußert sich erst dann,
wenn man ihr sagt, es komme an.
Der eine weiß zu überzeugen,
die andre übt sich im Verbeugen.
Wo diese beiden konferieren,
kann die Deutsche nur verlieren.
Zwar wird sie nach gewohnter Art
sagen lassen, sie blieb hart.
Doch sei, wie allgemein bekannt,
Deutschland ein sehr reiches Land;
es müsse seinen Beitrag leisten,
man profitiere ja am meisten.

Die Klimakanzlerin

Collage nach Pixabay

„Ich sage Ihnen ganz ehrlich,
noch ist Atomkraft unentbehrlich.
Sie funktioniert wie eine Brücke,

sonst hätten wir 'ne Versorgungslücke.
Die sich're Versorgung zu bewahren,
erfordert Atomkraft noch in Jahren."

„Dasselbe gilt für eure Kohle,
ich mein die Stein- und braune Kohle.
Sie ist für uns die neue Brücke.
Ohne Atom hab'n wir ne Lücke."

Sie sagt mal hott, sie sagt mal hüh.
Was kümmern sie Versprechen!
Sie musste sie doch brechen:
Fukushima kam halt zu früh.
Auch litt sie große Qualen
wegen der Landtagswahlen:
Kernkraftwerke abzuschalten
sollte sie an der Regierung halten.

„**War das nicht ein gelung'ner Gipfel**?
Erfolgreich bis zum letzten Zipfel!
Die Medien singen Lobeslieder,
Klimakanzlerin bin ich wieder.
Die Erde werden wir bewahren
in weniger als neunzig Jahren.
Wahrscheinlich leb ich dann nicht mehr.
Doch das beunruhigt mich nicht sehr.

„**Natürlich bin ich sehr besorgt**,
dass Atomschrott endentsorgt
in Deutschland verbleibt; ehrlich,
exportieren wäre gefährlich.
Da die Lagersuche offen
und sich vielleicht kein Standort findet,

bleibt für mich nur noch zu hoffen,
dass das Interesse daran schwindet."

Die Abgaswerte hält Merkel hoch,
die anderen niedrig.
Das Gift dem deutschen Volke,
das Geld den Konzernen.

Grundwasser ist bei uns verschmutzt.
- ein Drittel gut und gerne.
Die Luft in Deutschland macht krank,
in gut und gerne 79 Städten.

Vögel leben heut in der Stadt.
Auf dem Land werden sie nicht satt.
Kleine Tierchen, die ihnen schmecken,
zwingen die Bauern zu verrecken.
Wilde Blumen, bunte Blüten
müssen sie, heißt es, verhüten.
Sie ersetzen farbige Natur
durch fade Monokultur.
Dass sie so Vielfalt einbüßten

bedeutet für die Vögel Wüsten.
Die Städte sind heut die Oasen
mit Düften für die feinen Nasen.
In der Stadt stinkt's nicht nach Gülle;
auf dem Land gibt's sie in Fülle.
Die Stadt hat Blumen aller Art,
Gräser und Blätter, frisch und zart,
Hummeln gibt es, Bienen, Läuse,
Schnecken gar, auch mit Gehäuse.
Eier, Larven, Engerlinge,
wunderschöne Schmetterlinge.
Vögel sind auch nicht verloren,
wenn die Erde mal gefroren.
Menschen, die in Städten wohnen,
möchten Vögel gern belohnen.
Sie kriegen Körner, Samen, Brot.
und leiden daher selten Not.
Das Land schafft Nahrung Tag und Nacht,
die preiswert in die Stadt gebracht.
Der Preis dafür ist die Zerstörung,
dem Lande bleibt nur die Empörung.
Um Stadtleben zu versüßen,
muss man auf dem Lande büßen.

Das ist die Berliner Luft, Luft, Luft
versetzt mit Volkswagens Duft, Duft, Duft
und, was ist das für ein Fluch, Fluch, Fluch,
mit Merzedes-Stallgeruch, -ruch, -ruch.
Berlin schützt Daimler und VW, W, W,
Konzernen tut man doch nicht weh, weh, weh,
Man verharmlost den Gestank, -stank, -stank;
und macht die Menschen krank, krank, krank.

Collage nach simfisch.de

Sie sterben an Oxid-Staub, Staub, Staub
und mit ihnen das grüne Laub, Laub, Laub.
So bringt die Großstadtluft, -luft, -luft
die Menschen in die Gruft, Gruft, Gruft.

Nun wird sie also abgestraft,
die gerne von sich selber sagt,
sie kämpfe für das Klima,
ihr Umweltschutz sei prima.
Man hat sie auf den Schild gehoben,
sie ließ sich gern von allen loben:
von Linken, Grünen, SPD;
(den eig'nen Leuten tat sie weh).
Was sie als richtig einst erkannt,
wischte sie weg mit leichter Hand.
Es ging ihr nur um Volkes Gunst,
und nannte es Regierungskunst.
Dem Volke versprach sie hehre Ziele,
als ob Erfolg vom Himmel fiele!
Und das Ende der Geschichte?
Deutschland steht jetzt vorm Gerichte.
Frau Merkels Taktik macht krank
mit schlechter Luft und mit Gestank.
Die Bürger haben Atemnot
und fürchten einen frühen Tod.
Wäre Merkel Mediziner
oder auch nur Volkes Diener,
sie hätte an ihr Volk gedacht
und nicht die große Show gemacht.

Schuld sind auch Apologeten,
die gerne öffentlich beten,
die christlichen Unionisten
und die naiven Journalisten.
Was ist von ihnen zu erwarten?
Sie mischen einfach neu die Karten!
Selten, dass sich die bekannten,
die sich einstmals arg verrannten!

Die Lobbyistin

In Wirtschaftsfragen ist sie firm.
Drum ist sie für den Rettungsschirm,
und allen, die nicht dazu neigen,
sagt sie, sie sollten besser schweigen.
Ob Fonds, ob Bonds, ob Derivate,
ob Haircut oder letzte Rate,
all das beweist nach ihrer Sicht,
dass der Euro niemals zerbricht.

Sie zeigt sich gern mit reichen Machern.
Es gibt ja immer was zu schachern.
Frau Springer ist ihr Dauergast,
Frau Mohn kommt gern, wenn es ihr passt.
Sie zeigt sich gern mit Herrn von Pierer
oder Hoeneß, wenn nicht Verlierer.
Ihm gönnte sie gar Amnestie
wegen seiner Selbstanzeige.
Dann ging jedoch sein Ruhm zur Neige
und sie merkte, das geht so nie.

fr.de

Die Welt ist VerWundert.
Die Sitten sind VerWahrlost.
Der Automarkt ist VerWildert.
Die Manager sind VerWegen.
Die Ingenieure VerWorren.

Der Vorstand VerWirrt.
VW-Fans VerWundet.
Der Arbeiter VollWaise.
Die Politiker sind VerWickelt
und VerWenden ihre Macht
im Sinne von VW.

Erst sagte sie eindeutig, laut,
es gebe mit ihr keine Maut.
Dann aber, unvoreingenommen,
sagte sie, sie wird wohl kommen.

Ins Kanzleramt kommt nicht jeder rein.
Da muss man sehr viel reicher sein,
einflussreich und Meinungsmacher,
ein Bollwerk gegen Widersacher.
Obwohl von niemandem gewählt,
ihre Stimme am Hofe zählt.
Das Medienimperium
und das Ministerium
treffen sich dort in aller Stille
und legen fest des Volkes Wille.
Die zweite und die vierte Gewalt
geben einander selbstlos Halt.

Es gibt gewählte Entscheider
und selbsternannte.
Letztere sind leider
oft Unbekannte.
Kabel, die die beiden verbinden,
sind nirgendwo zu finden.
Die einen lassen gern was springen,
damit die andren was erbringen.
Absprachen bleiben geheim,
man trifft sich ja privat daheim.
Die einen verdienen dabei prächtig,
die andren bleiben groß und mächtig.

Collage nach handelsbatt.de

Gemeinsam vorne im Parkett
oder am Prominentenset
genießen beide Glanz und Ruhm.
Dem Volk, weit weg im vierten Rang,
wird um die Zukunft Angst und Bang'.

Stets war sie gegen Mindestlohn,
sprach der doch klarem Denken Hohn.
Dann war sie, es fiel ihr ein,
dafür. Sie muss flexibel sein.
„Ich bin das Schilfrohr, nicht die Eiche,
stemme mich nicht gegen den Wind.
Wechselt der, wend' ich geschwind.
Ihr seht doch, was ich so erreiche."

Man redet gern vom Schnee von gestern,
wenn man sich selber widerspricht.
Vertrauenswürdig ist das nicht:
Da morgen schon das Gestern von heute,
denken selbst einfache Leute,
die Politiker sind nicht klug.
Oder grenzt das an Betrug?

Höhere Diäten und noch mehr Posten;
die Gewählten lassen's sich was kosten!
Den ersten Griff in unsre Kasse
tut wieder die Politische Klasse.
Draußen im Lande vor Ort,
in Schule, Kita oder Hort
fehlt's an Heilern und Kapital.
Ist das der Kanzlerin egal?
Macht sie einfach nur weiter?
Wird sie nie gescheiter?
Hilfe darf doch dort nicht scheitern,
wo schwärende Geschwüre eitern!

Der Fußballfan

Die Kanzlerin ist Fußballfan
an guten Tagen, wenn
der Vorteil überwiegt,
die deutsche Mannschaft obsiegt.
Dann zeigt sie Emotionen,

die sich sonst nicht lohnen:
In Selbstdarstellung ist sie firm;
sie sieht sich auf dem Stadionschirm
inmitten der großen Massen,
die sie hochleben lassen.
Um zu zeigen ihr Gefühl,
erhebt sie sich gerne vom Gestühl,
wenn andere noch gelassen
denn Sinn des Spiels erfassen.
Auf dem Rang, auf dem Feld
alles nur Schauspiel, das gefällt.

gala.de

Von Verlierern hält sie sich fern,
mit Siegern zeigt sich Merkel gern.
Da scheut sie keinen Kontakt,
selbst wenn die Spieler noch halb nackt.

Ob Fußball oder Politik

In Deutschland stellt man sich vor
Es zeuge von großem Spielgeschick
Spiele man quer zum Tor.
Hält man gekonnt den Fußball flach
Und möglichst lange im Besitz
Hält sich das Stadion kaum noch wach
Das Spiel hat weder Kraft noch Witz.
Die Gegenspieler sind da schlauer
Haben das deutsche Tor im Sinn
Stürmen entschlossen, schießen genauer
Und siehe da, der Ball ist drin.

Ob Fußball oder Politik
Man hat die Schwächen wohl erkannt
Doch reicht das nicht zur Selbstkritik
Die Schuld hat niemand - wie bekannt.

Wo kommt nochmal der Ausspruch her:

„Erlauben Strunz" und „Flasche leer"?
Der Horst aus Bayern kann nicht mehr.
Merkel wollt' schon im Herbst nicht mehr.
Und Martin Schulz kriecht kreuz und quer;
ihm glaubt allmählich keiner mehr.

Die Lage ist nicht zum Scherzen!
Man kann mit abgebrannten Kerzen
kein Licht in dunkle Stuben bringen
und keine Klarheit in den Dingen.
Im Fußballsport da sorgt man vor:
Es gibt Ersatz im Feld, im Tor,
und Trainer, die sich nicht erneuern,
pflegt man gnadenlos zu feuern.

Die Machtvolle

Laufend lässt sie das Volk befragen.
Man soll ihr möglichst täglich sagen,
was int'ressiert, was gut gefällt,
vor allem, was man von ihr hält.

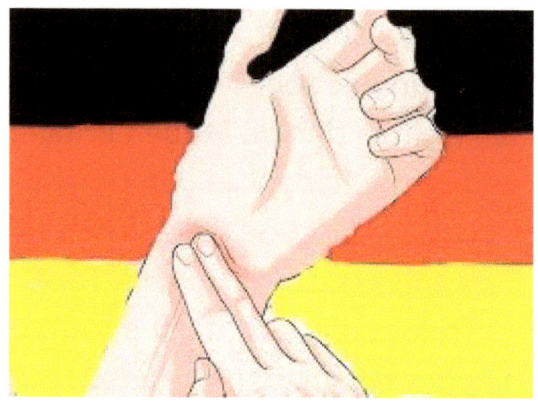

Ist ein Ereignis in Merkels Sicht
Hetzjagd, widerspricht man nicht,
zumal wenn der Kommentar
im Fernsehn so zu hören war.
Der Bürger, selbst ein Präsident,
denkt, wenn jemand hinter Menschen herrennt,
darf man, ohne die Details zu kennen,
das doch noch nicht Hetzjagd nennen.
Den Bürger bringt das in Bedrängnis,
ja, es wird ihm zum Verhängnis:
Weil sein Verhalten nicht behagt,
wird er nun seinerseits gejagt.
Das ist natürlich, ich schätze,
keine Hetze.
Viele Hunde sind des Hasen Tod.

Mal sind sie braun, mal sind sie rot.
Immer aber Kritiker
und besorgte Politiker.
Sie können es nicht lassen bleiben,
viel Salz in die Wunden zu reiben.
Und keiner von ihnen hält
für wahr, was nicht gefällt.
Ist ein Ereignis in Merkels Sicht
Hetzjagd, widerspricht der gute Deutsche nicht!

Die Kanzlerin ist immer nett.
Für's Böse hat sie das Kabinett:
Für Zukunftssorgen ist ihr Vertreter
der wendige Altmaier, Peter.
Für die Flüchtlingsmisere
steht Minister de Maizière
und für den finanziellen Missklang
der raffinierte Wolfgang.
Zum Wohnungsmangel sagt sie nix.
Das macht Frau Barbara Hendriks.
Das Volk in Kriege einzuweihen
überlässt sie gern der von der Leyen.
Man kann beim Moderieren
keine Macht nicht verlieren.

Hat ihre Partei verloren,
wird eine Theorie geboren:
Wer Grün, Links oder Rot gewählt,
des Stimme für Frau Merkel zählt.
Der Wähler hört's und ist verwirrt.
Hat er sich wirklich so geirrt?
Wenn er hätt' christlich wählen wollen,
warum hätt' er dann anders wählen sollen?
Es wird aus der Verteidigung
eine törichte Beleidigung.
Der Wähler sagt es unverhohlen,
ihm wird so die Stimm' gestohlen.

Nach dem Verlust der Weltregierung
will Deutschland nun die Geldregierung:
Um Wählerströme zu lenken
versucht sie es mit Geldgeschenken.
Und Staaten, die sich falsch benommen,
bekommen's wieder abgenommen.
Die heutige Regierungskunst
ist Geldverteilen nach Gunst.
Vergessen, als die Achtung der Werte
den Menschen noch wahre Gunst bescherte.

prisma.de

Was nützt mir eine reiche Tante,
die nur den eig'nen Vorteil kannte?

Chefpädagogin

Collage: Edvard Munch, Der Schrei

„Die Zukunft, das sind unsere Kinder.
Wir brauchen Schöpfer und Erfinder.
Im Fall des Falles
ist Bildung alles."
So ist vor der Wahl zu hören;
die Politiker wollen betören.
Reformen werden versprochen,

manchmal sogar begonnen.
Doch weil der Geldfluss bald verronnen,
auf halbem Wege abgebrochen.
Informieren,
diskutieren,
reformieren,
finanzieren,
Lust verlieren.
Da naht auch schon die nächste Wahl.
Der Bürger hört zum xten Mal:
Die Zukunft, das sind uns're Kinder…

Erziehung und Bildung ihrer Jugend
ist der Deutschen größte Tugend.
Die Menschen sind dazu bereit,
doch sie haben keine Zeit.

Die Kleinsten zu lieben und zu hegen,
nicht nur zu wickeln und verpflegen,
dazu sind Eltern gern bereit.
Doch sie haben keine Zeit.

Schöne Kitas sind gebaut.
Moderne Lehrmittel verstaut.
Doch nun herrscht große Einigkeit:

Das Pesonal hat keine Zeit.

Integrieren, inkludieren,
niemand will ein Kind verlieren.
Die Erzieher sind dazu bereit.
Doch sie haben keine Zeit.

Kinder wollen fröhlich lachen;
Schule soll viel Freude machen.
Die Lehrer sind dazu bereit,
hätten sie doch nur die Zeit!

merkur.de

Die Deutschen wären gern bereit,
keine Zeit mehr zu verlieren
und in Bildung zu investieren,
wär' Zeit nicht Geld und Geld nicht Zeit!

Die Maklerin

Sie ist die Reisekanzlerin.
Frieden schaffen ist ihr Sinn.
Die Lösung sei das Militär,
das zu glauben fällt ihr schwer.
Sie sagt, Waffen zu schicken
wird niemand beglücken.
Ist auch Ukraina unterdrückt,
zu kämpfen wär total verrückt.
Die Welt bewundert ihr Format
als großer Reisediplomat.
Sie will auf keinen Fall den Krieg,
bedeute dies auch Putins Sieg.
Sie sagt Freunden und Genossen,
betrachtet die Realität!
Es wird geredet und geschossen,
erstaunlich, was zusammengeht.

Vereint am Grabe des Soldaten,
am Abend friedliches Beraten,
bleibt Putin zugleich Freund und Feind,
der selten sagt, was er so meint.
Sie trinken aus dem Friedensbecher,
Merkel und der Friedensbrecher.

Vor Kamera und Mikrofon
greift sie zu einem scharfen Ton
- dem Volk gefällt's, Gott vergelt's -
„Er steht für Unrecht und Verbrechen,
ich für Versöhnung, nicht für's Rächen."
Trotzdem sagt sie „Weiter so.
Das ist nun mal der Status quo."

„Ich bin kein USA-Vasall!
Ich stütze Freunde überall.
Selbst vorm Krieg in dem Irak,
bei dem die ganze Welt erschrak,
stand ich auf George Bush' Seite.
Natürlich nicht mehr nach der Pleite."

Schwer ist's, sich auf manche Sachen
Einen schönen Reim zu machen:
Ein Händler verkauft illegal,
was macht das schon?,
eine Pistol mit Munition.
Der Käufer bringt fünf Menschen um.
Dem Händler wird das zum Verhängnis,
kommt wegen Tötung ins Gefängnis.

Die Kanzlerin schickt illegal,
da eindeutig Kriegspartei,
Kriegsgerät in die Türkei.
Die bringt tausend Kurden um.
Kaum einer kümmert sich darum.
Die Regierung kommt in Bedrängnis,
aber keiner ins Gefängnis.

Wenn Russland „seine" Krim besetzt,
wird lautstark sanktioniert.
Wenn Israel „sein" Land besetzt,
wird leise kritisiert
und heimlich applaudiert.
Wer auf öffentlicher Bühne
ob eig'ner Schuld und Sühne
zu Unrecht schweigt oder verzeiht,
erntet Verachtung weit und breit:

Wer mit gespalt'ner Zunge spricht,
dem glaubt man nicht.

Das ganze deutsche Volk trauert:
Die Sondierer haben gemauert.
Sie haben wochenlang verhandelt,
haben persönlich angebandelt,
sich umarmt und sich geherzt,
haben gelacht und rumgescherzt,
so sah es aus auf dem Balkon.
Anders war es im Salon:
Da wurden Programme verlesen,
als seien Wahlen nie gewesen.
Ein Vorwort gab's mit hehren Zielen,
die alsbald untern Tisch schon fielen.
Man stellte mit Erschrecken fest:
Bei allen Wünschen blieb ein Rest,
der, das wurde allen klar,
gar nicht finanzierbar war.
Nach außen drang aus jedem Munde
die staatsmännische alte Kunde:
Wir können Sparsamkeit nicht fordern
und alles Unmögliche ordern.
Der andre möge überlegen,

um dann vernünftig nachzugeben.
Man zankte sich in großem Kreise,
in kleinem war man eher leise,
man tagte in getrennten Kammern,
beschrieb Papier mit eckigen Klammern
und verkündete vor Mikrophonen,
wie sehr sich die Gespräche lohnen,
wenn nur der andere nicht mauere
und auf seinen Vorteil lauere.
Das Ende wurde terminiert,
damit niemand die Lust verliert.
Öfter hieß es aus der Mitte,
man sei sich einig, nur der dritte
Partner blockiere und störe,
was sich so nicht mehr gehöre.
Man appellierte an Verstand,
an Liebe gar zum Vaterland.
Das nehme man sich zu Herzen,
jeder Kompromiss bereite Schmerzen.
Dann hieß es, dass man sich einig sei,
wenn man in allem einig sei.
Leider war das nie der Fall.
Mit der liberalen Wende
waren Sondierungen am Ende.

Dem Volk wurde prompt erklärt,
das Verfahren habe sich bewährt:

Jena.otz.com

Es hieß zur späten Stunde
wie aus einem Munde:
„Die eckigen Klammern waren runde.
Die Einigung stand kurz bevor,
als Lindner die Geduld verlor."
Da die Chefin schlecht gemakelt,
wurde sie prompt abgetakelt.
Die Bürger lächelten gequält.
Wen hatte man da bloß gewählt?

Immer wieder koalieren
heißt Wählereinfluss verlieren:
Wer frische Rosen hat bestellt,
oft einen welken Strauß erhält.
Viele Jahre koalieren

heißt, die Zuversicht verlieren,
man könne den Parteien trauen,
auf ihre Versprechen bauen.
Viele Jahre koalieren
heißt, den Glauben zu verlieren:
weil sich Parteien erst verhöhnen,
später aber rasch versöhnen.
Viele Jahre koalieren
geht den Menschen an die Nieren:
Man zweifelt an der Ehrlichkeit,
und vermutet Begehrlichkeit.
„Erst die Sache und die Kosten,
erst danach die Posten",
sagen die Koalitionäre.
Als ob es nicht umgekehrt wäre!

Die Gastgeberin

„Herzlich willkommen
im Land der Frommen"!
Sie alle kamen bei uns an:
Aus Syrien und Kurdistan,
Irak, Mali, Afghanistan;
Schiiten und Sunniten,
Christen und Aleviten,
Atheisten, Extremisten;
Ärzte und Analphabeten,
Schwache, Kranke und Athleten,
freche und bescheid'ne Leute,
friedliche und gewaltbereite
Sie sprechen in vielen Zungen:
Arabisch, Kurdisch, Paschtu, Urdu,
jedenfalls nicht wie ich und du.
Merkel ist ein neues Babylon gelungen.

„Wir schaffen das
Neue Deutschland.
Wir schaffen das,
wenn wir das Kalifat zerbomben
und EU-Grenzen verplomben,

wenn Erdogan für unser Geld
die Flüchtlinge im Lande hält,
wenn alle Staaten der EU
den Kontingenten stimmen zu,
wenn wir mit neuen Mitarbeitern
die Behörden stark erweitern,
wenn wir das Fremde still erdulden
und uns wieder neu verschulden,
wenn Opportunisten in der Nacht
mit Gewalt nach Haus gebracht,
wenn Migranten unsre Sprache sprechen
und selber lindern ihre Not,
wenn wir nur nach am Namen
und unsre Gesetze nicht brechen,
wenn Flüchtlinge in Lohn und Brot
erkennen, woher sie kamen."
Wenn nicht?
Dann schafft sie auch
ein neues Deutschland.

Soll man Frau Merkel loben?
Ja, sagen die da oben,
selbst die in roten Roben.
Was meinen die Pragmatiker,

keineswegs nur Fanatiker?
Merkel hat sich verhoben!
Das Weltall und das Recht
kennen keine Grenzen!
Doch mit solcherlei Sentenzen
geht es dem Lande schlecht.
Wie wir dank Klimawandel wissen,
gibt's Grenzen, die wir kennen müssen.
Wie schade, dass zur Stunde
der Verstand nichts gilt, der gesunde.

Ausgerechnet in Essen
haben die Leute nichts zu essen.
Die Tafel dort versorgt Hunderte,
worüber sich niemand wunderte.
Frau Merkel holte die Armen rein
und ließ die Helfer dann allein.

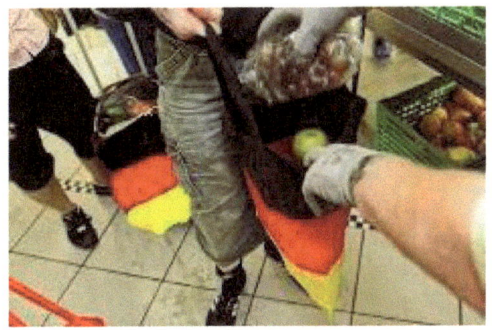
Collage nach mz-web.de

Wenn die sich nicht zu helfen wissen
und Bittende abweisen müssen,
schreien die Satten in Berlin:
„Das nehmen wir so nicht hin!
Wir sind nicht mehr im Deutschen Reich,
bei uns sind alle Menschen gleich."
Der Pass ist kein Kriterium,
sagt das Ministerium,
wohl aber das Alter:
Es möge der Tafelverwalter,
um seinen Ruf zu wahren,
bei den Jüngeren sparen.

Ein Armutszeugnis ist es,
und ihr wisst es,
ihr Wahlverlierer

und Koalierer.
Es wäre eure erste Pflicht,
aber ihr seht sie nicht,
nichts zu unterlassen
und Gesetze so zu fassen,
dass niemand für sein täglich Brot
anstehn muss in seiner Not.
Bleiben, da eure Diäten schon gestiegen,
solche Dinge einfach liegen?

DieAbgehobene

„Ich hab 'nen schönen Gartenteich,
der Königreich und Zoo zugleich,
'ne Welt ganz ohne das Schlechte
nur Plötze, keine Hechte.
Die Fischlein fühlen sich geborgen
haben weder Angst noch Sorgen.
Meine Tierchen werden satt,
auch wenn der Teich kein Futter hat.
Solang ich nicht die Lust verliere,
bin ich der König meiner Tiere.

Sie können ohne mich nicht leben,
sie haben selber nichts zu geben.
Dass ich für die so wichtig bin
gibt meinem Leben einen Sinn.
Mein kleiner feiner Gartenteich
macht mich mächtig, mächtig reich.
Ob die Fische ihren Bach vermissen,
wer will's schon wissen?

Merkels Deutschland?- Ein Paria war es.
Jetzt wieder Primus inter pares.
Trotz allem, was es verbrochen,
wird nun wieder Deutsch gesprochen.
Nach langen Jahren der Sühne
ist's wieder wer auf großer Bühne.
Nach siebzig Jahren Geduld und Scheu
ist jetzt Schluss mit tät'ger Reu.
Das Land ist groß, das Land ist mächtig,
seine Wirtschaftsdaten prächtig.
Drum hör' Europa ab sofort
gefälligst auf Frau Merkels Wort.
Ob Deutschland dies tut oder das,
es findet nicht das richt'ge Maß.
Einst wollte es rein arisch sein,
heut lädt Merkel die Menschheit ein.

Anstatt mit Partnern gemeinsam
Schließt sie Atomkraftwerke einsam.
Erst hofierte sie die Griechen,
jetzt soll'n sie vor ihr kriechen.
Mit den Polen schimpfte sie,
weil sie nicht so tun wie sie.
Es soll am deutschen Wesen
ganz Europa genesen!
Es fehlt, schaut man genauer hin,
der nötige Gemeinschaftssinn.
Das Volk ist traurig und verwundert:
Vergessen schon das letzte Jahrhundert?

„Mein Land ist eins der fröhlichen Gesichter,
nicht der Kritiker und Richter.
Mein Land lädt alle herzlich ein,
mögen es auch Verbrecher sein.
Mein Land ist reich und hat viel Platz
und jeder Flüchtling ist ein Schatz!
Ich gewähre Menschenrechte,
das Gegenteil tut nur der Schlechte.
Mein Land kennt weder Grenz' noch Hürde.
Millionen sind uns keine Bürde.
Wird dieses nicht mehr anerkannt,
ist Deutschland nicht mehr mein Land."

Als Merkel Migranten willkommen hieß,
sie viele Menschen vor den Kopf stieß,
weil arme Leute Leergut sammelten,
die Schulgebäude vergammelten,
weil selbst Experten nicht verhehlten,
dass Lehrer und Erzieher fehlten,
weil Reiche sich in Residenzen sonnten,
Arme sich Pflege nicht leisten konnten;
weil Wohnungen für Eltern mit Kind
völlig unbezahlbar sind,
und wo in Teilen der Nation
misslungen ist Integration.
Die größten Probleme sind nicht behoben,
werden in Kommissionen verschoben.
Die Menschen haben es empfunden
wie Streusalz in die eig'nen Wunden.

Merkel erklärte im Bundestag
Was ihr sehr am Herzen lag
Die MdBs folgten gespannt
Wozu die Chefin sich bekannt
Dem folgte im Angriffston
Ein Mann der Opposition:
Die Rede sei betrüblich

t-online.de

Da Wunschdenken wie üblich
Frau Merkel hielt's am Platz nicht aus
Spazierte durch das Hohe Haus
Besprach sich hier, begrüßte dort
Als wäre das ein Urlaubsort
Sie scheute nicht mal die zu stören
Die sich bemühten zuzuhören
Ob Arroganz und Bräsigkeit
War sie zum Diskurs nicht bereit

Wer das House of Commons kennt
Weiß: ohne Diskurs kein Parlament
Frau Merkel aber bleibt stur,
Hält nichts von solcher Kultur.

Besteht durch des Volkes Haltung
Wirklich die Gefahr der Spaltung?
Es gibt sie nicht bei Jung und Alt.
Flüchtlinge lassen niemand kalt.
Bei Reichen wie bei Armen

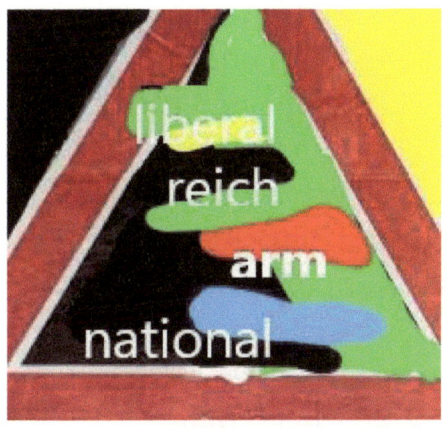

Collage nach welt.de

fehlt es nicht an Erbarmen.
Selbst die kritischen Rechten
sind nicht einfach die Schlechten.
Alle machen sich Sorgen:
Die einen heut, die and'ren wegen morgen.
Politisch ist letzteres nicht korrekt,
die Meinung wird drum oft versteckt.
Von Spaltung spricht man also nur
in einer Meinungsdiktatur.

Die Rückführerin

Alles Beschönigen hatte ein Ende.
Silvesternacht brachte die Wende.
Die Kölner Polizei
war unmittelbar dabei.
Sie sahen und erkannten
Flüchtlinge und Migranten
und begriffen,
die hatten sich vergriffen.
Diese Einsicht war defekt:
Sie war politisch nicht korrekt.
Es war etwas geschehen,
was Kritiker vorhergesehen.
Prompt legte man die Fakten
ganz einfach zu den Akten
und erklärte vor der Presse
die Nacht zur Heil'gen Messe.

Das Volk der Dichter und Denker
fragt die klugen Staatslenker:
„Was zum Henker
macht ihr für Verrenker?
Nennt endlich beim Namen,

dass zu viele kamen.
Sagt, ist des Glückes Unterpfand
wirklich ein neues Vaterland?

Frau Merkel liebt das freundliche Gesicht,
ein hässliches zeigen will sie nicht.
Sie spricht von off'nen Grenzen,
nicht aber von den Konsequenzen.
„Hier stehe ich, ich mach's zwar anders,
als ich früher mal gedacht,
doch sag ich's nicht, ich kann nicht anders,
sonst verliere ich die Macht."

Erst vertreibt sie
mit freundlichem Gesicht
Willkommenskultur,
dann mit demselben Gesicht
die Flüchtlinge.

Es ist ihr Bundespresseamt,
aus dem so manche Nachricht stammt,
die, wenn belastend, euphemisiert,
etikettiert oder
negiert wird

So manche politische Bombe
wird durch verbale Metamorphose
zur harmlosen Trombe
oder gar banalen Chose.
Zu wissen, woher der Wind wirklich weht,
dem Bürger die Welt heut offensteht.

Die Unfehlbare

„Ich hab in meinem Leben
das Beste stets gegeben.
Ich habe vieles ausprobiert,
aber niemals mich geirrt.
Zwar bin ich häufig angeeckt,
hab manchmal Widerstand geweckt,
doch hab ich Mut,
mein Plan ist gut.
Ich zweifle nicht,
er hat Gewicht.
Vom Streben nach dem Glück
halte ich niemanden zurück.
Mag die Welt es anders sehen,
meinen Weg muss ich weitergehen.“

ist geschützt.
Wehe dem, der's falsch benützt.

Ehe

genießt den Schutz nicht.
Sie schützt nicht Merkel, nicht Gericht.

Vermehren die verlor'nen Wahlen
Frau Merkels Zweifel, Sorgen, Qualen?
Hat sie endlich eingesehen,
sie muss die Fehler eingestehen?
Sie kritisiert eine ganze Epoche,
nicht aber jene Schicksalswoche,
um die es vielen Deutschen geht;
behauptet, dass sie dazu steht.
Sie bleibt bei der Devise,
dass wir aus dieser Krise,
wie könnt es anders sein,
besser rauskommen als rein.
Die Menschen sehn jedoch nicht ein,
wie man bessser rauskommt als rein.
Sie sehn die Mastschweine im Stalle
und arme Mäuschen in der Falle:
Dachten die Mäuse und die Ferkel
vorher genauso wie Frau Merkel?

Jan van Bijlert, Pilatus wäscht seine Hände

„Man muss sich endlich ehrlich machen!
Es gab in der Vergangenheit Sachen,
die falsch gelaufen sind.
„Nun hat sich gedreht der Wind.
Man war blind, ja naiv,
weil die Flucht weit weg ablief.
Man hat geträumt,
Hilfe versäumt.
Später wusste keiner Rat
und ich musste tun, was ich tat:

85

Ich zeigte den Armen
Deutschlands Erbarmen.
Mein Handeln war indes so gut,
dass man es nicht noch einmal tut."

Nennt man so was Selbstkritik?
Es war die deutsche Politik
und kein Nachtfrost oder Orkan,
für den niemand etwas kann.
Es sind deutsche Waffen,
die das Elend schaffen.
Auch Merkel ließ verhungern,
die in Jordaniens Zelten lungern.
Stand die Kanzlerin Italien bei?
Oder war das Land ihr einerlei?

Es sperrt sich des Bürgers Sachverstand,
zu hören, dass sich, was ist gut fürs Land
und der ganzen Menschheit zum Wohle,
niemals wiederhole!
Die eigne Schuld ist spärlich!
So macht man sich nicht ehrlich!
Soll nun, wer verantwortlich ist fürs Spalten,
den Zusammenhang im Volk gestalten?

Wer den Papst der Fehler zeiht,
selbst aber zur Einsicht nie bereit
ist, dass er Fehler machte,
ja über solche Anwürfe lachte,
von dem sagt man überall:
Hochmut kommt vor dem Fall.

Die Zauderin

„Denk ich an Helmut Kohl,
ist mir nicht mehr wohl.
Wenn ich, was er tat, wieder tät',
käm auch mein Abschied viel zu spät.
Für mich ist nach zwölf Jahren Schluss,
weil ich's so will, nicht weil ich muss.
Ich hab geschuftet und geackert,
mich für mein Volk abgerackert,
bewältigt, wie klar nachgewiesen,
praktisch alle großen Krisen.
In Deutschland bin ich so beliebt,
weil es keine Bess're gibt,
und jeder Gutmeinende weiß,

ich verdien' den Nobelpreis.
Die Wirtschaft blühet und gedeiht,
gegen Abstieg sind wir gefeit.
Man hat gegen den Euro gewettet,
ich habe ihn gerettet.
Als Europas Meinungsführer
hab ich beschützt die armen Syrer
und Flüchtlinge aus aller Welt,
was selbst der UNO gut gefällt.
Ich sage Dank für das Vertrauen,
soll'n andere nun weiterbauen.
Mein Bild vor der Geschichte
erscheint im guten Lichte."

Kauder liegt auf der Lauer.
Frau Merkels Mann ist sauer:
Joachim: Die Suppe wird kalt.
Angela: Ich komme bald, noch ein Telefonat.
Ich brauche Rat.
Lass dich nicht überreden, bleibe hart.
Einen Moment noch, wart'!
Wer war's? Der Kauder wieder?
Ja, schau mal, ich schrieb's nieder:
Angela du musst weitermachen,

wir sollten keinen Streit entfachen.
Willst du dich wieder umentscheiden?
Auch wir wollten doch Streit vermeiden.
Wir wollen doch mehr Zeit für uns,
mehr wandern, lesen, Ruhe haben
und uns nicht richten nach Hinz und Kunz.
Und die, die mir ihr Vertauen gaben?
Ich bin ganz hin- und hergerissen,
mich quält so schrecklich mein Gewissen.

welt.de

Dich wird bald keiner mehr vermissen!
Die denken nur an ihre Pfründe.
Nein, Angela, es ist Sünde,
wenn du auf den Kauder hörst,
zu viel ist, was du so zerstörst.

Du hast ihm doch nicht nachgegeben?
Nein, nein. Danach gibt's auch ein Leben,
hab ich ihm zum Schluss gesagt.
Hat er nicht nochmals nachgefragt?
Du kennst ihn gut, in der Tat
hab ich gesagt, ich hol mir Rat.
Meinen Rat kennst du, mein Liebes.
Besser wär's, wenn du zu Hause bliebes.
Doch das Gemeinwohl, lieber Mann,
bleibt auf der Strecke, und dann?
Ich muss die Möglichkeiten sichten
und dann alles neu gewichten.
Dir wird'sergehn wie Helmut Kohl.
Der Vergleich ist ziemlich hohl.
Mir geht's nicht um Ästhetik,
mir geht's um meine Ethik.
Ich denk an meine Pflicht.
Das ist deine Sicht.
Die CDU ganz ohne dich,
das findest du wohl wunderlich?
Gestern war's du noch fest entschlossen...
Stimmt. Die Freizeit hätt' ich gern genossen.
Du bist also wieder bereit?
Gib mir noch ein wenig Zeit.
Lass dich nicht bekehren.

Ich weiß mich schon zu wehren.
Es wären vetrane Jahre.
Gott bewahre!
Möchtest du noch etwas Suppe?
Nein, die Suppe ist mir schnuppe.
Ich hoff, du bleibst bei deinem Nein.
Das will gründlich überlegt sein.

Am nächsten Tag so gegen Zehn
war's um die Kanzlerin geschehn.
Das Wichtigste ist die Partei,
Familie steht an Stelle zwei.
Sauers Anwort war 'ne hehre,
machte dem Namen alle Ehre.

Die Geschlagene

„**Ich hätte etwas falsch gemacht**?
Den Vorwurf lass ich außer Acht.
Ich habe mich noch nie geirrt,
bin also keineswegs verwirrt.
Ich mache weiter wie gewohnt,
der Wähler hat mich doch belohnt:
Seien wir mal ehrlich,
bleib ich nicht unentbehrlich?"

„**Wir sind die Mitte**.
Die Linken und die Rechten
sind die Schlechten.
Wählt uns!", so die Bitte.

Doch gehören zur CDU
die eignen Rechten und Linken,
oder die gerne so blinken.
Sie setzen der Mitte sehr zu.

Man betrachte ein Weilchen,
wie die Mitte kleiner wird

und dabei an Gewicht verliert:
Sie wird zum winz'gen Teilchen.

Beschaut man dieses bei Licht,
erkennt man alsbald schon,
den Kern umkreist ein Elektron.
Das Teilchen ist die Mitte nicht.

Ist die Mitte also der Kern?
Nein, denn auch der ist spaltbar
und als Mitte nicht haltbar.
Die CDU aber hätt' es gern.

Die Mitte lässt sich nicht verorten,
die Mitte ist schwerelos,
ein federleichtes Bällchen bloß,
dient nur dem Spiel mit Worten.

Ich hatte eine Schwester,
'ne bess're findst du nitt.
Wir trafen uns im Streite,
wir gingen Seit' an Seite
im gleichen Schritt und Tritt

Der Anriff kam geflogen.
Gilt's mir oder gilt's dir?
Ich habe nicht begriffen,
warum du angegriffen.
Gilt es nicht mehr, das Wir?

Du willst die Hand nicht reichen,
derweil ich mich bemüh.
Du magst sie mir nicht geben
trotz allem meinem Streben.
So sterben wir beide früh.
nach Ludwig Uhland, Ich hatt' einen Kameraden

„Ich bin keineswegs blöder
als der US-Präsident.
Ich bin der Markus Söder,
der seine Wähler kennt.
Was für Trump die USA
ist für mich Bavaria.
Was für ihn ‚America first'
ist für mich ‚Bayern zuerst'.
Auch für mich sind die Rechten,
nicht automatisch schon die Schlechten.

Was wäre schon, frag ich, dabei,
wär'n sie bei mir in der Partei?
Ach wär' doch mein Bavaria
so rechts wie Trumps Amerika!"

Nun gibt es auch in Bayern
nicht mehr viel zu feiern
für die christliche Union.
Und die Ergebnisse von Hessen
möchte man vergessen.
Er wird schärfer jetzt, der Ton.
Aus der Tiefe der Hypophyse
steigt empor die Analyse:
An den Verlusten trägt die Schuld
Merkel und ihr Migrantenkult.
Die CSU tat, was sie konnte,
als Merkel sich in Güte sonnte,
um Illegale abzuschieben,
damit nicht viel zu viele blieben.
„Sie hörte nicht auf zu träumen,
wir sollen den Dreck wegräumen.
Für Merkel ist das angenehm,
für uns dagegen unbequem
und wie bekannt nicht populär.
Da rühren uns're Verluste her!

Wir müssen uns jetzt selber schützen.
Frau Merkel kann uns nicht mehr nützen.
Verantwortung muss sie übernehmen
und den Hut.
Wenn sie das nicht tut,
müssen wir kündigen.
Wir lassen uns nicht mehr entmündigen.

„**Lasst wohlbeleibte** Männer um mich sein,
solche mit kahlen Köpfen
und die nachts schlafen.
Der Cassius dort
hat einen hohlen Blick:
Die Leute sind gefährlich."
Shakespeare, Julius Caesar

Sie sind sich dessen wohl bewusst:
Zwei Seelen sind in ihrer Brust.
Die eine will Probleme meiden,
die andere soll jedoch entscheiden.
Die eine will beschwichtigen,
die andre soll berichtigen.
Die eine sucht das Populäre,
die andre sagt, was nötig wäre.
Die eine hält sich links der Mitte,
die andre steht für Recht und Sitte.
Die eine Seele winkt den Linken,

Fritz von Uhde, Die große Schwester

die andre soll den Rechten winken.
Die eine soll an der Spitze stehn,
die and're neue Wege gehn.
Es können so Christdemokraten
nie an die falsche Frau geraten.
Die Zukunft bei den Christen steht
und fällt mit ihrer Angelgret.

Vielleicht werden jetzt aufstehn
die Linken, und zusammengehn.
Sie wählen zu ihrer Spitzenkraft
jemanden, der Vertrauen schafft:
Kein Mann der Wörter, wohl von Worten
und so auch vom kleinen Mann zu orten.
Gewiss, das kann man nicht verhehlen,
Pferde kann man mit ihm nicht stehlen.
Doch ein Auto, auch gebraucht,
hätte man von ihm gekauft.
Er kennt die Tücken der See,
den Unterschied von Luv und Lee.
Er ändert nie den Kurs geschwind,
nur weil er stößt auf Gegenwind.
Er wär' ein Felsen in der Brandung,
der Steuermann für sich're Landung.

Collage nach tagesschau.de

Auf diesen Mann könnten sie bauen,
ihm das Staatsschiff anvertrauen.
Wer die Welt im Blickfeld hat,
der kommt aus einer Hansestadt.
Er wäre jeden Landes Stolz
der weltmännische Olav Scholz.

Exklusivinterview, das die ehemalige Kanzlerin Merkel den Zeitungen der Flunker Mediengruppe gewährte (Auszug)

FM: Böse Zungen behaupten, Sie seien der größte Wendehals von allen gewesen...

M: Der Wendehals gehört zu den fähigsten Vögeln auf der Erde. Er kann nach links, nach rechts, nach hinten und nach vorne schauen. Wissen Sie, als man im Westen Karl May las, studierte ich Karl Marx.

FM: Sie meinen, es war ein Vorteil, dass Sie in der DDR sozialisiert wurden?

M: Ich habe jedenfalls verstanden, dass sich ein Politiker, der etwas bewirken will, an die Spitze der historisch unvermeidbaren Entwicklung stellen muss. Und dazu muss man sie kennen!

FM: Sie haben also alles richtig gemacht?

M: Hab ich

FM: Auch in der Klimapolitik? Fukushima...

M: Ich wusste, die Katastrophe würde kommen. Sie trat nur früher ein, als ich erwartete.

FM: Und die Europa- und Flüchtlingspolitik?

M: Ich habe versucht, die historisch falschen Entscheidungen meiner Amtsvorgänger zu korrigieren. Der Euro war bei seiner Einführung noch nicht reif, die Flüchtlinge sind eine Folge kapitalistischer Ausbeutung.

FM: Die Parteien heute...

M: ...sind keine Wendehälse: Die einen schauen nach links, die anderen nach rechts und die AfD nur zurück.

FM: Und die Unionsparteien?

M: Haben einen steifen Hals.

für die FM: JoKe

Als Wanderin unterwegs

„Ich bin am liebsten in der Küche
schon wegen der Kräuter und Gerüche.
Ich kann bei meinem Sonntagsbraten
schon mal ins Schwärmen geraten.
In der Küche ist es insgesamt
viel kühler als im Kanzleramt.
Wollen Sie mehr erfahren,
lesen Sie meine Memoiren.
Was mich heut
am meisten freut
sind die vielen netten Leut',
die auf kurzen Ausflügen und weiten
‚Angie! Angie!' rufen
und
‚Das waren noch Zeiten!'"

Epilog

Dem Chronisten obliegt, dass er vermelde,
Der Rahmen gilt mehr als das Gemälde.
Das Denken entartet in der Thinktank-Esse
Die Sprache verflacht unter der Presse.
Die Menschen streben blind zum Licht
Die Reichen seh'n ihre Schatten nicht.
Politiker werden, wenn angeheuert,
Von Konzernen ferngesteuert.
Und in des Mondes fremdem Glanz
Taumelt die Freiheit im Veitstanz.
Nur die Erde, stoisch heiter,
Dreht sich ausgeweidet weiter.

Die Welt bräuchte jetzt Visionäre,
Denen es 'ne Ehre wäre,
Die Völker eloquent zu lenken
Und ihnen die Zuversicht zu schenken,
Dass am Tunnelende nicht
Chaos ist, sondern Licht.

Bibliografische Information der Deutschen Nationalbibliothek:
Die Deutsche Nationalbibliothek verzeichnet diese Publikation
in der Deutschen Nationalbibliografie; detaillierte bibliografische
Daten sind im Internet über dnb.dnb.de abrufbar.

© 2018 Johannes Kettlack

Herstellung und Verlag: BoD – Books on Demand, Norderstedt

ISBN 978-3-7448-8601-7